Nochmal Sinn und Unsinn

Nun ist ein neuer Band verfasst und die Trilogie der Gereimten Ungereimtheiten vollendet: Verse und Sprüche in klassischer Reimform über allerlei Ungereimtheiten und Merkwürdiges.

Dieses Büchlein ist die Fortsetzung zu meinen 2016 und 2017 veröffentlichten Bänden „Sinn und Unsinn" und „Wieder Sinn und Unsinn".

Auch diesmal gibt es einen vergnüglichen Streifzug durch verschiedenste Lebensbereiche. Und wieder mäandern die Sprüche zwischen höherem Blödsinn und tieferen philosophischen Plattheiten dahin, in einem Spannungsfeld zwischen Christian Morgenstern, Joachim Ringelnatz, Robert Gernhardt und Heinz Erhardt, mit dem besonderen Kunststück, keinen von denen auch nur annähernd zu erreichen.

Gehören Sie zu den Leuten mit Sinn für Unsinn und Freude an sprachlichen Spielereien? Dann ist das genau das Richtige für Sie!

Lassen Sie sich beim Lesen Zeit, manches erschließt sich erst beim zweiten oder dritten Hinschauen.

Und vor allem: Genießen Sie's häppchenweise wie Pralinés, sonst verdirbt's den Magen.

Falls Sie bei manchen Reimen denken, es holpere:
Probieren Sie einfach einen anderen Rhythmus, dann sollte es fast immer klappen (bei einigen Versen sind zur Erleichterung die betonten Silben durch Unterstreichung markiert).

November 2018   Albrecht Moeller

2

Albrecht Moeller

Nochmal Sinn und Unsinn

Gereimte Ungereimtheiten

Bibliografische Information der Deutschen Nationalbibliothek:
Die Deutsche Nationalbibliothek verzeichnet diese Publikation in
der Deutschen Nationalbibliografie; detaillierte bibliografische Da-
ten sind im Internet über http://dnb.dnb.de abrufbar.

Herstellung und Verlag:
BoD – Books on Demand, Norderstedt

ISBN: 978-3-7481-8412-6

Inhalt

In nur vier Zeilen was zu sagen
erscheint zwar leicht; doch es ist schwer!
Man braucht ja nur mal nachzuschlagen:
die meisten Dichter brauchen mehr ...

Heinz Erhardt

Morgenstimmung

In diesem Kapitel werden allmorgendliche, grauenvolle Gefühle, Erkenntnisse und Erweckungserlebnisse beschrieben.

Morgensorgen
Die Morgen-Orientierungs-Müh:
Wer bin ich und wieso so früh?

Morgen
Erster Gedanke nach dem Erwachen:
Schon wieder heute?! – Da kann man nix machen.

Weckruf
Ich schleich mich an meinen Wecker heran
und schreie ganz laut: „Na, wie fühlt sich das an?"

Morgenstimmung
Morgens vorm Spiegel solch Fragen die Stimmung vergällen:
Restauration oder nur unter Denkmalschutz stellen?

Lob der Vielfalt
Mit besten Entfaltungs-Chancen begeht
den Tag, wer frühmorgens zerknittert aufsteht.

Abendüberraschung
Warum denn am Morgen In Sorgen versauern?
Der Spinne vom Morgen schon abends auflauern!

Erweckungserlebnis
Mein Wecker klingelte heut morgen sehr, sehr lange.
War wohl was Wichtiges, denk ich im Nachgang bange.

Äußerlichkeiten!
Nach Blick in´n Spiegel sich bei mir der Eindruck mehrte:
dies wird wohl eher nur ein Tag der inner´n Werte.

Morgenfrische
Kennst du das: Du hüpfst ganz früh aus deinem Bette
und fühlst dich taufrisch nach der Morgentoilette?
Ich auch nicht.

Rund ums Essen

Ein Ratgeber für Ernährungsbewusste, Kalorienzähler, Diäter, Vegetarier und Veganer.

Die ultimative Diät
Hier das beste Rezept für Diät, einfach toll:
Wenn du abnehmen willst, nimm den Mund nicht zu voll.

Im Kalorienreich
Kalorien nennt man jene bösen Feen,
die nachts ganz insgeheim die Kleidung enger nähen.

Späte Erkenntnis
Echt jetzt? Bei dieser App „Der Kalorienzähler"
den Highscore zu erreichen, war ein Fehler?

Keks-Frust beim Surfen
Wann ich wohl die ganzen Cookies mal erhalte,
die ich ständig akzeptiere und verwalte?

Schonungslose Erkenntnis
Und plötzlich hast du einen Platz erreicht im Leben,
wo du auf Elastan in Jeans wirst Vieles geben.

Money-Management
Dass Geld allein nicht glücklich macht, ist voll korrekt.
Du musst schon Essen davon kaufen, das dir schmeckt.

Langzeit-Diät
Da isst man 2 / 3 Jahre etwas mehr.
Und zack! Schon ist man fett gleich hinterher.

Nützliche Formulierung
„Cookies löschen" klingt doch einfach mehr nach Nutzen,
als zu sagen: „eine Packung Keks verputzen".

Fatburner
„Habe grad eben 800 Kalorien verbrannt. –
Pizza im Ofen vergessen", gibt meine Frau bekannt.

Doppel-Blind-Studie
Karotten verstärken die Sehkraft angeblich.
Tequila verdoppelt sie nicht unerheblich.

Nicht jedem schmeckt das
Ein Freund des Fleisches findet Vegetarier keck:
„Sie essen meinem Essen frech das Essen weg!"

Dreisatz in unserem Leben
Denk dran beim Verzehr: Je größer das Konfekt,
desto größer auch die Konfektion, in der man steckt.

Spiegelfechterei
Vorm Spiegel stehend fing ich an, mich sehr zu schämen
und nahm mir vor, doch dringend etwas abzunehmen.
Ich nahm den Spiegel ab – vorbei war alles Grämen!

Keep cool!
Selbst <u>wenn</u> du ganz <u>trau</u>rig, so <u>grä</u>me dich <u>nich</u>:
Im <u>Kühl</u>schrank brennt <u>im</u>mer ein <u>Licht</u>lein für <u>dich</u>.

Sit-in
Saß auf dem Hometrainer schon viele Stunden,
doch nichts ist weg von meinen Pfunden.
Vielleicht sollt´ ich mal in den nächsten Tagen
auch das Pedale-Treten wagen?

Kalorimetrische Satzanalyse
„Mir ist so langweilig!" – Ein Satz mit vielen,
unglaublich vielen Kalorien.

Abwechslungsreich
Mein Arzt versucht schon lang mich zu bekehren,
abwechslungsreicher mich doch zu ernähren.
Voll peinlich in der Kassenschlange grade
mit meinen 20 Sorten Schokolade!

Gewichtige Aussage
Früher war alles leichter, fürwahr.
Ich zum Beispiel, ganz sonnenklar.

Wunderdiät
Den Winterspeck bin ich jetzt gänzlich los.
Hab dafür Frühlingsrollen ganz grandios.

Glücksschwein
Bin knapp am Vegansein vorbei geschabt:
hab grade nochmal Schwein gehabt.

Entwarnung
Der Apfelstrudel, nach Tisch unentbehrlich,
ist auch für Nichtschwimmer ganz ungefährlich.

Personalabbau
– Lean cuisine –
Meist reicht schon ein einziger Koch,
den Brei zu verderben; so sparen wir noch.

Fettgeflüster
Nach der Diät nun wieder isst und sprücht er:
„Diättipps sind doch nichts als Fettgeflüster."

Vegane Grausamkeiten
„Veganer sind sehr grausam", muss ich mich empören:
ein Schwein kann weglaufen, jedoch die Möhren?

Abnehmen oder Schokolade?
Wenn ihr wählen müsstet zwischen beiden,
wofür würdet ihr euch wohl entscheiden:
Vollmilch oder Bitter, wie ich ahne,
oder lieber Nuss und Mokka-Sahne?

Fleisch-Esslust
Willst du wirklich als Vegetarier leben
und die Spitze der Nahrungskette aufgeben?

Falscher Alarm
Der fahrende Gemüsebauer, dieser Schlingel,
hat wie der Eismann ganz genau die gleiche Klingel. –
Und jetzt bin ich sehr traurig.

Seelisches und leibliches Wohl
Vier Dinge, die wir uns zuviel stets machen:
Gedanken, Hoffnung, Nudeln, süße Sachen.

Body-Mass-Index [1]
Gewicht nach Maß – das muss schon sein.
Hab mich gewogen. Bin zu klein.

Vom Sinn des Lebens
Als ich mal wieder suche nach dem Sinn des Lebens,
passiert´s, dass mir, derweil ich weiter such vergebens,
´ne Tafel Schokolade in die Hände fällt. –
Die Antwort hatt´ ich mir, nun ja, komplexer vorgestellt.

---

[1] Wie jeder Ernährungsbewusste weiß: eine Maßzahl für die Bewertung des Körpergewichts eines Menschen in Relation zu seiner Körpergröße.

Selbstbetrachtungen

Schonungslose Selbsterkenntnisse und Egotrips zu den Untiefen des eigenen Seins.

Früher war alles besser
Früher da war ich auf Bildern jünger und top.
Komisch! Und ohne die Hilfe von Photoshop!

Verrücktheit
Ob ich verrückt sei, werd´ ich öfter mal gefragt.
Nee, nee, das hätten mir die Stimmen doch gesagt!

Heilende Kraft des Selbstgesprächs
Manchmal rede ich mit mir selbst, wenn ich leide.
Und am Ende lachen wir dann alle beide.

Perspektivenwechsel
Bin grad etwas neben mir.
Eig´ntlich auch ganz schön so hier.

Horrorlektüre
Als ich von den schlimmen Folgen des Trinkens las,
da gab ich sofort das Lesen auf und vergaß.

Meine Welt
Ich lebe ganz in meiner eignen Welt.
Man kennt mich dort, was mir so recht gefällt.

In aller Bescheidenheit
Nein, nein, ein Klugscheißer – das bin ich nicht.
Ich weiß es nun mal wirklich besser schlicht.

Ein Sponti-Spruch
Ich bin zu jeder Spontaneität bereit,
vorausgesetzt, man sagt mir früh genug Bescheid.

Nichts als schöne Worte
Ich habe versucht, mich schönzureden.
Doch scheinbar klappt das nicht für jeden.

Spieglein, Spieglein an der Wand …
Da fühlt man sich jung, dynamisch, vital und bildschön.
Und dann muss da dieser bescheuerte Spiegel rumstehn!

Gerissener Gesprächsfaden
Selbstverständnis, wann kamst du abhanden?
Selbstgespräch geführt. Kein Wort verstanden.

Fremdschämen
Ich frag mich nie: "Was hab ich mir dabei gedacht?"
Solche Gedanken hab'n sich andre nur gemacht.

Total normal
Manchmal tu' ich so, als wär' ich ganz normal.
Aber dann wird's langweilig und reine Qual
und ich werde wieder ganz ich selbst total.

Ent- oder weder

Man sagt mir: „Sei freundlich und sei einfach du!"
Darauf sag ich: „Na was denn nu?"

Vom Wert des Selbstgesprächs

Natürlich sprech ich mit mir selber früh und spat.
Manchmal braucht man einfach kompetenten Rat.

Neben mir

Ich steh ein bisschen neben mir und schau in Ruhe,
was ich denn da so treib und tue.
Und als ich schließlich grinsen muss,
da lachen beide wir zum Schluss.

Mein Körperschema

Von der Veranlagung her bin ich schlank.
Ich leb das nur nicht aus mein Leben lang.

Warum? Wozu?

Die Leute reden mit mir nett,
als ob ich Ahnung von was hätt´.

Selbstfindung

Hab mich selbst gefunden. War gar nicht so schwer.
Ich stand neben mir. So war es nicht weit her.

Fest gemauert …

Ich weiß nicht, kennen Sie das manchmal von sich auch:
Man steht mit beiden Beinen ganz fest auf dem Schlauch.

Bedenkzeit
Hatte Zeit, in Ruhe nachzudenken.
Brachte nichts, kann man sich ruhig schenken.

Kein Schwein ruft mich an
Bin grad ans Telefon gegangen. – Niemand dran.
Das nächste Mal geh ich wohl erst beim Klingeln ran.

Biographie-Brüche
Eig´ntlich wurd´ ich gut erzogen, sagte man.
Keine Ahnung, was danach passiert ist dann.

Büroklatsch
– Bonjour tristesse –
Ich habe gerade ein Blatt gelocht.
Aber das nur am Rande. – Das hab ich gemocht.

Verklemmt enthemmt
Manchmal möcht´ ich einfach mal zu weit geh´n
und dort schlendern und nicht auf die Zeit seh´n.

Fishing for compliments
„Wie seh´ ich aus?" frag meinen Hund ich schlau
und freue mich, wenn er sagt einfach „Wau!".

Auch eine Bildung
Manche sagen, dass ich eingebildet sei.
Dabei gibt´s mich wirklich. – Ach, ist einerlei!

Stimmen
Ich weiß, die Stimmen in mein´m Kopf sind nicht real.
Doch der´n Ideen sind echt geil so manches Mal.

Planvolles Scheitern
Wollt ihr mal hören, warum zu rein gar nichts ich´s bring?
Unrealistische Pläne sind einfach mein Ding!

Ausgesprochener Blödsinn
Nach manch gesagtem Satz hab ich mir schon gedacht:
Grad eben hat´s in meinem Kopf noch Sinn gemacht.

Überraschung!
Das Selbstgespräch an sich ist harmlos, nicht verkehrt.
Bedenklich wird´s, wenn Neues man dabei erfährt.

Ich habe immer Recht
Nur einmal dacht´ ich, dass ich nicht Recht hätte.
Doch dabei lag ich falsch, verlor die Wette.

Massenhaft Blödsinn
Schau ich im Netz nach Schwarmintelligenz mich um,
reift schnell die Einsicht: Bleibe lieber einzeln dumm.

Atemtherapie
Manchmal, wenn mich die Langeweile plagt zu Haus,
dann lieg ich auf der Couch und atme ein und aus.
Das ist ja auch ganz richtig,
weil überlebenswichtig.

Social-Net-Platitüden
Mein Beziehungsstatus, so ganz nebenbei:
Ich frühstücke morgens alleine … Für zwei.

Schein und Sein
Ich bin ganz anders eigentlich,
doch dazu komm ich meistens nich.

Ein klares Unentschieden, oder?
Früher war ich immer unentschlossen, sehr.
Heut bin ich mir da nicht ganz so sicher mehr.

Heimweh eines „pre-digital native"
Oh schöne Kinderzeit, die ich verließ,
als mein soziales Netzwerk „Draussen" hieß!

Geschmackssache
Ich finde viele Sachen lustig,
die andre doof finden und frustig.
„Was?", fragt man sich.
Zum Beispiel mich.

Bekenntnisse eines Arroganten
Ja, meine Arroganz hält sich in Grenzen,
seitdem perfekt ich bin mit allen Konsequenzen.

Selbstbetrug
Ganz ehrlich mal und auf uns selbst bezogen:
Am meisten wird im Selbstgespräch gelogen.

Urheberrecht
Es klingt zwar platt, doch diese Logik mich bestach:
Was ich mir vormach, macht mir keiner so schnell nach.

Konzeptlos
Mich selbst total aus dem Konzept zu bringen,
obwohl ich keines hatte, kann nur mir gelingen.

Draufgänger
Ich gebe zu, ich gehe gerne mal zu weit,
nur um mich da mal umzuseh´n für eine Zeit.

Stumme Stimmen
Ich hass es, wenn die inner´n Stimmen mal verstummen
und ich nicht weiß, was sie grad planen, diese Dummen.

Lerneifer
Aus meinen Fehlern habe ich gelernt soviel!
Drum ist „noch viel mehr Fehler machen" jetzt mein Ziel.

Sammelleidenschaft
„Und was sammelst du so?" wurde ich gefragt.
„Hin und wieder mich", hab ich darauf gesagt.

Stalkshow
Ist meinem Stalker etwa was passiert?
Oder mag er mich nicht mehr leiden,
weil er inzwischen hat kapiert,
dass ich der größ´re Psycho von uns beiden?

Zu lässig
Zuverlässigkeit hat einen Namen.
Meiner ist es nicht, ihr Herrn und Damen.

Mein Credo
Ein jeder sollte an was glauben, sagt man mir.
Worauf ich sag: „Ich glaub, ich hol mir noch ´nen Bier."

Nietlich
Ich fühl´ mich platt und unheimlich klein:
Es ist so hart, eine Niete zu sein.

Symptomverschiebung
Vielleicht hab ich gar kein Tourette,
sondern bin einfach nur nicht nett?!

Beziehungsstatus
Fragt man mich, was ich sei, sage ich ganz leise:
„Ich bin Single beziehungsweise Beziehungswaise." [2]

---

[2] Der Reim holpert arg, aber das Wortspiel war es mir wert.

Beruf und Karriere

Ein unentbehrlicher Ratgeber für beruflichen Erfolg und persönliches Fortkommen.

Lebensläufe
Die meisten Leute werden einmal das,
was sie dann später sind. – Ist das nicht krass?

Im Bewerbungsgespräch
„Wie erklär´n Sie sich im Lebenslauf die Lücke?"
„Standard-Word-Format mit seiner Tücke!"

Bewerbungsgespräch
„Wo sehen Sie sich selbst in 5 / 6 Jahren?"
möchte der Personaler gern erfahren.
Ich denk: `ne Frage ohne jeden Sinn,
weiß ich doch nicht mal, wo ich morgen bin.
Die Antwort: „Wer kann das schon ernsthaft wissen?"
hätt´ ihn nicht überzeugt, mich reingerissen.
Darum entwickelte ich die Vision:
„Ich werde Bischof von dem Kölner Dom
und ein Jahr drauf sitz ich als Papst in Rom."
Von so viel Charisma beeindruckt auf die Schnelle,
gibt er sich einen Ruck und mir die Pförtnerstelle.

Stolze Eltern
Studieren ist wie arbeitslos,
nur dass die Eltern stolz sind bloß.

Mussallergie
Achtung an alle, die grad ihren Tag sich gestalten:
Dieser Tag kann Spuren von Müssen enthalten.

Beim 5-jährigen Absolvententreffen
Wo ihr euch vor 5 Jahren saht – seid ihr da schon?
Macht nichts, war nicht so ernst gemeint, war nur Vision.

An übereifrige Macher
Hat der, der Berge versetzt, es gerafft,
dass er dadurch auch Abgründe schafft?

Im Personalgespräch
Ich wurd´ gefragt: „Wo sehen Sie sich in 5 Jahren?"
„Es gibt ´nen Weg hier raus?" tat ich mich offenbaren.

Montags-Memo
Es ist nicht der Montag, der so triste ist,
sondern eure Jobs! Was man so leicht vergisst.

Luftikusse haben´s leichter
„Wer mit beiden Beinen auf dem Boden steht,
kommt nicht vorwärts", merkt man meistens erst zu spät.

Neuling
„Wir sollten mal mit Logik an die Sache gehn."
„Sie sind wohl neu hier", gibt man mir gleich zu verstehn.

Verdichtung

– Dichter dran –

Die Mutter zu dem Sohne spricht:
„Mein Sohn, du bist doch nicht ganz dicht!"
Worauf der Sohn gleich spricht er:
„Dann werd´ ich eben Dichter!"

Alterserscheinungen

Gerontologisches Vademecum von unschätzbarem Wert.

Lebensweisheit
„Ich bin schon länger auf der Welt, als ich es dachte.
Das hält am Leben mich", ein Alter sprach und lachte.

Altersanpassung
Hab´ jetzt genau das richt´ge Alter, sag ich mir.
Muss nur noch rausbekommen eigentlich wofür.

Selfie-Wahn
In meinem Alter sah ich so viel Elend, Graus.
Da machen mir doch eure Selfies nichts mehr aus.

Heimweh
Diese Angst, genau *die* graue Zelle zu versaufen,
die die Wohnanschrift gespeichert hat, und sich verlaufen.

Schlagfertig
Wurde angerempelt: „Alter, was geht ab?" –
Nahm ich meinen schwarzen Filzstift raus ganz knapp,
malte ich dem Rempler Herz auf Stirn,
sagte: „Schwarzer Edding schon mal nicht, du Hirn!"

Diebische Altersfreuden
Wenn ich alt bin, werd´ ich nur noch nörgeln, streiten.
Das wird mir ´nen riesengroßen Spaß bereiten!

Seniorensport

In meinem Alter fährt der Sport mir in die Glieder.
Mein Körper liegt auch noch am nächsten Tag darnieder
und flüstert leis ins Ohr mir: Mach das nie, nie wieder!

Ein seniler Caesar [3]

Welch <u>Scham</u>, <u>Gram</u> und Ek<u>lat</u>, dass ich gro<u>ll</u>te:
Ich <u>kam</u>, <u>sah</u> und verga<u>ß</u>, was ich <u>woll</u>te.

Altersgelassenheit

Was früher eine Katastrophe für mich war,
ertrag ich heut mit Achselzucken wunderbar.
He, Älterwerden rockt,
bis dass der Atem stockt!

Altersprobleme

– Gerontologische Krisenbewältigung –
Midlife-Crisis – schlimmer Graus?
Ich für mein Teil bin da raus.

Altersgelassenheit

Lieber ganz entspannt mal altern ohne Grollen,
als angestrengt-verbissen jung nur aussehn wollen.

Allen Seniorensportlern

Alter Jogger, sei weise, bedenke:
Spüre das Leben und nicht die Gelenke!

---

[3] die Altersform von Caesars berühmtem Ausspruch: Veni, vidi, vici.
(deutsch: ich kam, sah und siegte)

Deeskalation
„He Alter, hast du ein Problem?" wurd´ ich gefragt.
Ich hab den jungen Leuten alles brav gesagt.
Am Ende haben alle laut geweint, verzagt.

Sichtweisen auf den Schwindel
Der Pessimist:
„Ihr blöden Kreislaufbeschwerden, ganz fürchterlich!"
Der Optimist:
„Juchu, die ganze Welt dreht sich um mich!"

Ultimativer Weihnachtskick
Nur wenig einfühlsam scheint es zu klingen,
„Last Christmas" im Seniorenheim zu singen.

Werteverschiebung
„In meinem Alter zählen nur noch inn´re Werte:
Blutdruck, Zucker", sich ein alter Mann beschwerte.

Happy Hour
Ich habe jetzt für mich ein Alter eingeläutet,
wo „Happy Hour" nur noch „Nickerchen" bedeutet.

Spätes Glück
Ab meinem Alter man´s als Glück bezeichnen sollte:
Man tritt in einen Raum und weiß, was man dort wollte.

Vermischtes

Dieses Kapitel ist die Resterampe, dennoch nützlich, entspannend und krampflösend wie eine Mixtura solvens.
Sie werden spannende Dinge erfahren, die Sie schon immer nicht wissen wollten.

Aufgestylet
„Lifestyle" nennt man den Versuch, dem Leben
mit Schickimicki Sinn und Halt zu geben.

Abhören geht gar nicht!
Das Herz am rechten Fleck
führt bei dem Arzt zum Schreck.

Wow!
Mal so richtig gegen den Mainstream anstinken
und ´nen „Coffee to go" mal im Sitzen austrinken!

Glockenklänge
Heiß soll der Schweiß beim Dichten von der Stirne rinnen,
wie Schiller weiß. Selbst Unsinn muss man hart ersinnen.

Hamlets Monolog heute
– Ort der Handlung: irgendwo in einem Café –
– Hamlet mit einem Pappbecher in der Hand –
Die Bildung hat versagt, dahin ist das Niveau,
wenn Hamlet wird gefragt: „To go or not to go?"

Ein Pauschalreisender

Ein Tourist, der sich heute das Forum Romanum anschaut:
„Wieso hat man früher so viele Ruinen gebaut?"

Römische Leichtigkeit und Dekadenz

Die alten Römer konnten Mathe schnell versteh'n,
war X doch schlicht und einfach immer Zehn.
Doch als sie anfing'n, sich ein X für's U zu machen,
gab's auch für sie beim Rechnen nicht mehr viel zu lachen.[4]

Patientenverschickung

Im Aufwachraum vom Krankenhaus tät' es mich drängen,
einen Kalender „2030" aufzuhängen.[5]

---

[4] Wenn Sie diese Wortspielerei ohne weitere Hinweise verstanden haben, überspringen Sie bitte das Folgende, weil es nur langweilt, wie immer, wenn eine Pointe erklärt wird.

Für alle anderen hier die Wikipedia-Erklärung: „Die Redewendung **Jemandem ein X für ein U vormachen** bedeutet, dass man jemanden täuscht oder betrügt. Ihren Ursprung hat diese Redewendung in den römischen Zahlen, bei denen Buchstaben für Zahlen stehen. So kann der Buchstabe V, welcher für die Zahl 5 steht, durch Verlängerung der Striche nach unten zum Buchstaben X umgeschrieben werden. Dieser steht wiederum für die Zahl 10, so dass eine (vermeintliche) Verdoppelung der Zahl entsteht. Der heutige Buchstabe U stammt vom V des lateinischen Alphabets ab, was die heutige Form der Redewendung erklärt."

[5] Noch ein möglicherweise überflüssiger Hinweis, der aber nach meinen Vortragserfahrungen bei Poetry Slams durchaus hilfreich sein könnte: Wie geht es wohl einem Patienten, wenn er nach einer Narkose aufwacht und auf so einen Kalender schaut?

Vergangenheitsbewältigung
Als vorlaut wird dich dein Geschichtslehrer bald hassen,
wenn du ihm sagst: „Sie müssen lernen loszulassen
und sich nicht nur mit der Vergangenheit befassen."

Die Gnade der frühen Geburt
Was für ein Glück: von Sünden meiner Jugendzeit
gibt's keine Handyfotos weit und breit!

Von der reinen Leere
Komisch, was es doch so gibt, man glaubt es kaum:
Niemand war jemals in einem leeren Raum.

Schnick-schnack-schnuck
So langsam dämmert es mir klar,
dass es wohl nicht das Klügste war,
als Polizist mir sagt „Papiere"
und ich mit „Schere" ihm pariere.

Telefonwerbung
Ganz zweifellos, doch wussten Sie das schon:
Wer abnimmt, der hat mehr vom Telefon.

Idee für ein Hörbuch
Acht Stunden lang nur Atmen, Räuspern, Blättern.
Am Ende dann hört man wen ganz laut wettern:
„Mein Gott, was ist denn da so schwer gewesen!
Sie sollten einfach nur laut lesen!"

Schönreden

„Den Markt dominieren", man mag das bemängeln,
klingt besser als „sich in der Schlange vordrängeln".

Selbst ist der Mann!

Ich werd´ dich ignorieren in der Runde,
so dass du glaubst, du seist ein Baumarktkunde.

Aus der Serie „Große, berühmte Worte"

„Für mich ist´s auf die Bremse nur ein kleiner Tritt.
Für alle andern ist´s nach vorn ein großer Schritt."
N. Armstrong, Busfahrer in Kentucky.

Lied vom Schatten

Punks von einst das Motto hatten:
Wo viel Lid, ist auch viel Schatten.

Ein Protestant [6]

– Reformation heute –
„Hier spraye ich. Ich kann nicht anders", ruft ein Sprayer
und hofft vorm Reichstag in Berlin auf Kunstversteher.

Zur Beachtung

Bedenk´, wenn dich was stört, was andere beglückt:
Wer die Musik nicht hört, hält Tänzer für verrückt.

---

[6] Eine Anspielung auf den berühmten Ausruf Martin Luthers im Jahre 1521auf dem Reichstag zu Worms: „Hier stehe ich, ich kann nicht anders!" Die Handlung ist hier von Worms nach Berlin verlegt. (Hätten Sie´s gewusst? Oder anders: War diese Fußnote notwendig?)

Lob der Unvernunft
Das imponiert dem unvernünftgen Tor sehr:
„Vernünftig ist wie tot, nur vorher."

Urlaubsplanung
„Und welches Urlaubsziel hab ihr euch ausgesucht?"
„Wir fahren in den Stau. Der ist nicht ausgebucht."

Schlechtes Timing
<u>Weißt</u> du denn nicht, welche Qual es heißt,
<u>die</u>ser Moment, wenn ins Brötchen du beißt,
<u>wo</u> sich das Essen im Munde dir ballt –
und <u>plötz</u>lich dein Telefon klingelnd erschallt!

Flurschaden
Wer sich alle Türen offenhält bei Dingen,
wird sein Leben auf dem Flur verbringen.

Abgesattelt
Aus dem Sattel kann man auch geworfen werden,
ohne dass man vorher saß auf Pferden.

Nachtschicht
Ein Vampir muss noch rasch sich Blut besorgen
für seinen wohlverdienten Feiermorgen.

Grüne Verkehrspolitik
Bin gegen Rasen auf der Autobahn, ganz unbesehn.
Wer soll bei dem Verkehr das ganze Gras denn mäh'n?

Das Schweigen der Schweine
Wer beim Schlachter klingelt, hat der auch bedacht,
dass kein Schwein ihm da die Tür aufmacht?

An Bäumen eingeritzte Liebes-Herzchen
Da denk ich niemals: „Ach wie süß das da so steht!"
Neiiin! „Wer zum Teufel bringt ein Messer mit zum Date!"

Digitale Logik
– Alles kann so einfach sein –
– Ein oder nicht ein –
Jedes Ding auf dieser Welt, so lässt sich sagen,
ist ein oder ist kein Hemdenkragen.
Klingt logisch, ist aber so.
Und geht auch mit anderen Wörtern:
Jedes Ding auf dieser Welt, dass man's begreife,
ist ein oder ist kein Stückchen Seife.
Jedes Ding auf dieser Welt, man glaubt es kaum,
ist ein oder ist kein Badeschaum.
Jedes Ding auf dieser Welt, soviel steht fest,
ist ein oder ist kein Essensrest.
Jedes Ding auf dieser Welt, nun ist's genug,
ist ein oder ist kein Güterzug.

Politikverdrossenheit von Weintrauben
– Wenn Weintrauben so richtig sauer sind –
Welch Drama die Politiker vollführen!
Wir sind's doch, die die Macht der Presse spüren!

Gut gemeint, schlecht gemacht
Die Autokorrektur bei Word
sehr oft als „Autovermutung" nur stört.

Kommen und Gehen
„Komisch", denke ich mir bieder,
„wer nicht weggeht, kommt nie wieder."

Gedanken zum Brexit
Zwei spätpubertierende Eton-Pennäler [7]
missbrauchen zur Kraftmeierei ihre Wähler.

Windspiel
Opportunismus heißt: nach allen Regeln
frisch mit dem Wind, den andre machen, segeln.

---

[7] Der damalige Premierminister David Cameron und sein Herausforderer Boris Johnson haben beide das Eton College besucht.

Corrida de Toros

Um es vorweg zu sagen: Das ist nicht der Ort für Grundsatzdis-kussionen über den Stierkampf. In die hitzig geführte Debatte über Pro und Contra will ich mich lieber nicht einmischen. Dass meine Sympathie eindeutig dem Stier gehört und nicht dem blasierten Torero, wird hoffentlich deutlich. Mein absolu-ter Favorit ist „Ferdinand, der Stier", der ruhende Pol und Philosoph unter den Stieren.

Im folgenden Gedicht beachte man neben der sehr beeindru-ckenden graphisch-veranschaulichenden, bildmalerischen Dichtung (unschwer zu erkennen: der Stierkopf) auch die fein versteckte Symbolik in der dramatischen Zuspitzung: von den Hörnern (als Symbol der Freiheit) zum Nasenring (Symbol der Unfreiheit), von Alpha bis Omega oder von „Anfang bis Ende". Ich muss schon sagen: Großes Sprach-Kino!

λA   **Ochsentour**   A$\int$
Die Ochsentour uns drastisch mahnt
vor Folgen, wenn sich Wut anbahnt:
Dem Stier in der Corrida
passiert es immer wieda:
erst sieht er rot,
dann ist er tot!
O je!
Olé!
Ω

Burnout-Syndrom
Im weiten Rund hört man Toreros fluchen.
Der Stier will sich kein rotes Tuch mehr suchen.

Stierisch
Wenn Toreros ihren Stier anstieren
und ihr rotes Tuch vor ihm drapieren,
dann muss dieser es zunächst kapieren,
dass sie ihn zum Kampfe animieren.

Olé!
Manch Torero muss den Stier erst animieren:
Kopf hoch! Nur nicht gleich die Wut verlieren!

Gute Manieren?
Wenn Toreros ihren Stier anstieren,
mit geschwellter Brust herumstolzieren
und ihr rotes Tuch vor ihm drapieren,
dann muss dieser es zunächst kapieren,
dass sie ihn zum Kampfe animieren.
Und er soll nicht seine Wut verlieren,
weil die Leute doch so danach gieren,
dass ihn später viele Speere zieren,
womit ihn die Machos stolz pikieren.
Als er niedergeht auf allen Vieren,
sich ergibt ins schaurige Krepieren,
muss der Stier es wohl realisieren,
wie barbarisch-blutig solch Manieren.

Spanisches Temperament
Welch ein Fiasko für den Matador:
Der Stier zieht die Siesta vor!

Jahreszeiten

Eine Hommage an die großartige
Friederike Kempner (1828-1904),
die „Schlesische Nachtigall"

Frühling

Frühlingserwachen
Vorfreude hält ein Gärtner für verfrüht
und mahnt: „Wer kann schon wissen, was uns blüht?"

Frühling außer Rand und Band
Knospen knallen, Sprosse sprießen,
Augen tränen, Nasen fließen.
Frühling außer Rand und Band
raubt Allergikern Verstand.

Sommer

Klimawandel
Große Hitze immer früher,
viele welke Frühlingsblüher.

Summertime
Sommersonnenwende, Sonnenstich.
Ölsardinenstrände, ohne mich.

Wechselstimmung
Altweibersommer, Spinnenweben,
und Fliegen, die nach drinnen streben.

Herbst

Es gibt sicher schönere Herbstgedichte als das folgende, aber selten ein so prägnant-trostloses:

Herbst
Im Herbst da fall'n die Blätter.
Das liegt wohl auch am Wetter.

Und noch ein zweites, auch nicht besser, aber ein Leckerbissen für Backfreunde:

Herbststimmung
Fällt ein Blatt in den Teich,
ist's ein Blätterteich gleich.

Winter

Winterfreuden
Erster Frost und erster Schnee,
rote Nasen, kalte Zeh.

Silvesterstimmung
Glocken, die das Jahr einläuten,
kämpfen gegen Knallermeuten.

Reprise

Frühlingserwachen
Schon säuseln sanfte Frühlingsgeigen
und spinnen fort den Jahresreigen.

Da capo al Reprise

Der frühe Vogel fängt den Wurm

– Variationen über ein Thema –

Hier sind die bereits in den ersten beiden Bänden zum Vogel-Wurm-Thema verstreut enthaltenen Sprüche versammelt, ergänzt um neue Sprüche.
Es zeigt sich, dass selbst ein so gängiges Sprichwort eben nicht eindimensional und einfach so gesehen werden darf, sondern dass es einer differenzierteren Sicht und Exegese bedarf, die dessen mannigfache Facetten hinterfragen und beleuchten.

Alles eine Frage der Zeit
Kommt früher Vogel reingeschwebt,
der späte Wurm nur überlebt.

Verspätungsalarm
Der Wurm sich mit dem Vogel zofft,
wenn der erst spät kommt unverhofft.

Ein Wurmfortsatz
„Der frühe Wurm hat einen Vogel,
jedoch nur einmal", sagt Ornithologel.

Letzte Worte eines Morgenmuffels
– Früh krümmt sich der Wurm –
Früher Wurm zum Eichelhäher:
Würmer hassen Frühaufsteher!

Katzengold
Was nützt der Morgenstunde Gold im Munde,
wenn man der frühe Wurm ist in der Runde?

Anti-Wurmkur
Der Wurm gibt, um sein Leben zu retten,
dem Vogel heimlich Schlaftabletten.

Sturmvogel
Der Vogel schmeißt die Jagd bei Sturm hin,
da ist ja ohnehin der Wurm drin.

Trommeln für den Frieden
Die Würmer morgens lang die Trommel schlagen,
dem frühen Vogel schlägt das auf den Magen.

Die Gnade der späten Geburt
Der späte Wurm dem frühen Vogel twittert:
„Jetzt bist du sicher sauer und verbittert."

Wurm-Späti
Damit auch der späte Vogel was fängt,
wird Ware gestaffelt herausgehängt.

Spätzeit
Der späte Wurm zum späten Vogel spricht:
„Das ist gemein, und Mogeln gültet nicht."

Überangebot
Weil es genügend Würmer hat,
wird auch der späte Vogel satt.

Späte Rache
„Auch den frühen Vogel fressen irgendwann
mal die Würmer", triumphiert der Würmermann.

Und zum Schluss noch eine Twitter-Meldung (Sie wissen schon
wem):

American Hero
– Worm first –

– Worm up 👍, Bird down 🐦 –
Oh my God, this stupid, f... early bird
again my greatest morning catwalk stört.
But I shot him nieder, direct ins Gefieder.
I gave him the rest ´n peace in the nest.
#covfefe [8]

---

[8] ein nach wie vor kryptischer Hashtag, dessen Bedeutung bis heute
nicht aufgeklärt werden konnte.

Gans gemein

Gegen die Angst vor dem Fuchs
Ist dieser Trost nicht sehr auf Sand gebaut,
wenn Mutter Gans den Küken anvertraut:
„Ja, auch der Fuchs bekommt ´ne Gänsehaut."?

Von der Arrogans
– Gänseschmalz –
„Ein Arroganter ist mir lieber
als nichts", stöhnt Gans im Liebesfieber.

An den Fuchs
Wär´ ich ´ne Gans, würd ich dir schreiben:
Du kannst mir mal gestohlen bleiben.

Der kleine Unterschied
– Das Spiel ist aus –
Sind Gänse klein, dann dürfen sie noch hoffen.
Als Gänseklein jedoch ist nichts mehr offen.

Adventsstimmung
Gänse fragen sich im Stallarrest:
„Gibt´s ein Leben nach dem Weihnachtsfest?"

Urlaubsträume
– Rundum Bräune –
Der fiese Gänsehirt verspricht dem Federvieh:
„Im Weihnachtsurlaub werdet ihr schön braun wie nie."

Angewandte Murphylogie

Spielarten und Erscheinungsformen von Murphys Gesetz [9]

Anything that can go wrong *will* go wrong.

Wenn etwas schiefgehen kann,
dann wird es schiefgehen.
Ergänzung:
Nur ausgerechnet dann nicht, wenn man zeigen will,
dass etwas schiefgeht.

Schlechterdings
Alle<u>s</u> was gut beginnt, das endet schlecht.
Und wenn es schlecht beginnt – na dann erst recht!

Das Toastbrot-Teppich-Theorem
Wenn´s Toastbrot stets auf die beschmierte Seite fällt,
ist das nicht Murphy´s Law, sondern Physik, du Held!
Doch dass Wahrscheinlichkeit hierfür vom Teppichpreis
abhängt, das ist für Murphy´s Law genug Beweis.

---

[9] „**Murphys Gesetz** (englisch **Murphy's Law**) ist eine auf den US-amerikanischen Ingenieur Edward A. Murphy jr. zurückgehende Lebensweisheit, die eine Aussage über menschliches Versagen bzw. über Fehlerquellen in komplexen Systemen macht." So bierernst und staubtrocken steht es in Wikipedia. Wir betrachten es hier vor allem von seiner ironisch-doppelbödigen, galgenhumoristischen und so herrlich defätistischen Seite.

Der Lauf der Welt
Dieser Satz gilt überall und immer:
Fast alle Dinge werden ständig schlimmer.

Unendliche Geschichte
– Die Regentraufen-Schlaufe –
Kommt man vom Regen in die Traufe,
gleich wiederholt sich diese Schlaufe.

Regelvollzug
Wenn du an die Reihe kommst schlussendlich,
ändert man die Regeln, oh wie schändlich!

Das Vergänglichkeits-Theorem
Wenn's dir gut geht, mach dir keine Sorgen:
Das geht schnell vorbei, vielleicht schon morgen.

Das Such-Theorem
Was du suchst, ist immer grad an jenem Ort,
wo du ganz am Ende nachschaust statt sofort.

Das Draht-Theorem
Jeder Draht, den du hast abgeschnitten,
wird zum Schluss zu kurz sein, unbestritten.

Das Kleider-Theorem
Klamotten gibt's nur in „zu klein", „zu groß".
Oder wenn passend, dann potthässlich bloß.

Das Kassandra-Theorem
Wenn etwas schiefgeht, ist da immer wer,
der das schon kommen sah ganz weit vorher.

Das Grenzenlos-Theorem
Wenn was schlimm ist, gibt es (denk daran)
keine Grenze für „wie schlimm es werden kann".

Das Abwarten-Theorem
Wenn du wartest, geht´s vorbei.
Oder aber ganz entzwei.

Das Wiederholungs-Theorem
Wenn etwas schlimm gewesen ist,
passiert´s nochmal in kurzer Frist.

Das Vergessen-Theorem
Wenn du nicht mehr sagen kannst „Vergesst das Ganze",
ist die Krise da, ohn´ irgendeine Chance.

Das Abkürzungs-Theorem
Die Abkürzung in Praxis sich zumeist
als längster Weg von A nach B erweist.

Das Allerschlimmste-Theorem
Da können wir uns noch so frohgemut gerieren:
schlussendlich wird das Allerschlimmste doch passieren.

Das Einkaufstüten-Theorem
Die Tüte, die zerreißt beim Einkauf vor dem Feiern,
ist garantiert die mit dem Whisky und den Eiern.

Das Tatort-Theorem
Zum Ärger aller Polizei-Bemüher:
am Tatort ist der Täter immer früher.

Vom Nutzen des Allradantriebs
Allradantrieb heißt: man bleibt erst dort fest stecken,
wo kein Abschleppdienst mehr hinkommt zum Verrecken.

Das Darlehens-Theorem
Ein Darleh´n kriegt man nur, wenn man beweisen kann,
dass eigentlich man gar keins braucht mal irgendwann.

Das Beobachtungs-Theorem
Dass man beobachtet wird, ist sehr wahrscheinlich.
Besonders dann, wenn´s Verhalten so richtig peinlich.

Das Un-Beobachtungs-Theorem
Das, was man beobachten will, grad dann geschieht,
wenn man nur ´nen kurzen Moment lang weg mal sieht.
Es sei denn, man schaut weg, um es geschehn zu lassen.
Ja dann passiert rein gar nichts, was man könnt´ verpassen.

Last minute
Wenn es die letzte Minute nicht gäbe,
dann würd´ nichts erledigt, blieb alles in Schwebe.

Das Regen-Theorem
Du warst grad in der Autowaschanlage,
prompt regnet es die nächsten Tage.
Doch falls du glaubst, es könnte endlich Regen bringen,
wenn du dein Auto wäschst, dann wird das nicht gelingen.

Fehlerbehebung
Ein Arzt kann schnell begraben seine Missetaten.
Ein Architekt kann nur zum Efeu-Pflanzen raten.

Fragen

Hier werden tiefschürfende, fast schon philosophisch anmutende Fragen gestreift, die den Leser ohne Antworten alleinlassen.

Eine bohrende Frage
Tiefes Grübeln hat's bei mir heraufbeschworen:
Warum schafft man nie ein halbes Loch zu bohren?

Flatulenzen
Was Unflat ist, das wissen wir. Doch was ist Flat?
Wieso heißt Flatrate „pauschal von früh bis spat"?

Kindliche Frage
„Wenn auf einem Raumschiff lauter Frauen sind,
ist dann das Raumschiff unbemannt?" fragt mich ein Kind.

Gelegenheit macht Diebe
Ist der kein Dieb, fragt man verstohlen matt,
der nie Gelegenheit zum Stehlen hat?

Ausgereift
Hat denn ein Frühreifer, so frag ich mich,
schon seine ganze Zukunft hinter sich?

Trauerspiel
Heißt es ohne Pietät zu handeln,
unter Trauerweiden lustzuwandeln?

Eisfreie Zeit
Der Esel, dem zu wohl wird, vor der Frage steht,
wohin er dann an einem Sommertage geht. [10]

Fragen über Fragen
Warum gibt´s keine reichen Kirchenmäuse?
Und wozu laufen über Lebern Läuse?
Weshalb bloß geht die Weisheit in die Binsen?
Für welchen Zweck wohl sammeln Sammellinsen?
Lässt sich der Redefluss per Schiff befahren?
Wie kann man denn ein Blitzlicht aufbewahren?
Und welches ist die Wahrheit, die ich meine:
Ist es die nackte oder doch die reine?

Sinneswandel
Kann ein Kurzsichtiger denn vorausschauend planen
und ein Schwerhöriger etwas hellhörig ahnen?

Warum die Waschmaschine immer nur 1 Socke frisst
Der Grund hierfür ist schlicht:
bei zweien merkst du´s nicht.

Alternativlos?
Kennt irgend so ein Schlauer auf dieser Welt
das Gegenteil von sauer verdientem Geld?

---

[10] Bezug auf das Sprichwort: „Wenn dem Esel zu wohl wird, geht er auf´s Eis."

Trägheit und Gelassenheit

Ein flammendes Plädoyer für das „süße Nichtstun" (dolce far niente) und mehr Gelassenheit in diesen unseren schnelllebigen, unruhig bewegten Zeiten, abgehandelt in nachdenklich-schnoddriger, gewohnt unreflektierter Manier.

Mit schlafwandlerischer Sicherheit
Da sitze ich und denk so vor mich hin –
und plötzlich steht nach Schlaf mir all mein Sinn!

Eine alternative „Ruckrede" [11]
Wenn alles um mich rum rotiert und ich nix tu,
dann geb ich mir ´nen Ruck – und schaue lieber zu.

Bedauernswert
Andauernd sitz ich, um zu lauern:
Wann hört es endlich auf zu dauern?

Sinn und Unsinn
Muss denn immer alles einen Sinn ergeben?
Reicht es nicht, wenn wir nur einfach Spaß erleben?

Alternativlos
Wie oft muss ich mich mit der Frage befassen:
Das eine nicht tun und das andere lassen.

---

[11] etwas anders als die vom damaligen deutschen Bundespräsidenten Roman Herzog am 26. April 1997 in Berlin gehaltene „Ruckrede".

Kinnhaken

Ich sitz auf meiner Récamiere,
verspüre angenehme Schwere.
Da kommt mir plötzlich in den Sinn:
„Warum hab ich ein Doppelkinn?" –
Gleich ist es mit der Ruh dahin.
Das blöde, dicke Doppelkinn!
Moral: Beim Ruhen niemals grübeln,
weil dies die Ruhe tät´ verübeln.

Unermüdlich

Ich döse denkend und tu mich am Nichtstun gütlich:
Die menschliche Faulheit arbeitet unermüdlich.

Reifezeit

Dass Antreiber dies doch begreifen:
Nur wer sich hängen lässt, kann reifen.

Chancengleichheit

Woran sich faul die Begabten labten:
Fleiß ist die Chance der Unbegabten.

Machbarkeitsstudie

Was wohl sagt uns der Verfasser:
Machen ist wie Woll´n, nur krasser.

Sonnenkult

„Steh auf, die Sonne scheint!" – Ein Spruch zum Hassen.
Als könnt´ ich vielleicht meine Photosynthese verpassen?

Wehmütige Gedanken eines Müßiggängers
Ich hoffe von Herzen, es gehe ihr gut,
wo immer sie sein mag, was immer sie tut.
Ein bisschen vermisse ich sie freilich schon
meine kürzlich verschwundene Motivation.

Vernünftige Einsicht
Was ich mir sage, wenn´s drunter und drüber nur geht:
Jetzt noch vernünftig zu werden, ist auch schon zu spät.

Was machst du am Wochenende? –
Wieso, muss man?
Am Wochenende? Da sitz ich nur rum
und fühle mich deshalb so schlecht und so dumm.
Doch dann kam mir rettend zuletzt in den Sinn:
Statt Rumsitzen leg ich mich jetzt einfach hin.

Wehklage einer Jogginghose
Da freut man sich auf´s schöne Leben auf dem Sofa,
und dann kauft mich ein echter Sportler – Katastropha!

Läuft bei mir
Beim Sport da hab ich arg geschnauft, gejapst gehäuft.
Jetzt hab ich mir ´ne App gekauft, die für mich läuft.

Ein „To do" für mehr Gelassenheit
Versuch doch einfach mal, die Dinge, die dich trieben,
von der „To-do-" auf die „Was-soll´s-Liste" zu schieben.

Multiple Persönlichkeitsprobleme
Egal, wieviel Persönlichkeiten du auch hast –
putzen will keine, und so bleibt dir diese Last.

Szenen einer Ehe
„Wie oft bist du mit deiner Jogginghose schon gejoggt?"
fragt Ehefrau den Ehemann, der auf dem Sofa hockt.
Worauf der Ehegatte gleich mit Gegenfrage grollt:
„Bis du mit Küchenrolle durch die Küche schon gerollt?"

Trainingsblöcke
Jeden Abend zweimal um den Block gelaufen.
Will zur Steigerung jetzt DIN-A4-Block kaufen.

Alternativlos
Wenn ihr die Wahl habt, Bad zu putzen oder Zimmer,
sagt, welche Netflix-Serien schaut ihr dann gleich immer?

Absolutes Nichts
„Mach heut mal nichts, genau wie immer", ich mir schwor,
„doch heute nehm´ ich mir noch nicht mal etwas vor!"

Taucherkrankheit
Da ist man mit dem Urteil fix:
Ein Taucher, der nicht taucht, taucht nix.

Von der Faulheit
Faulheit heißt: sich auszuruhen,
bevor man müde wird vom Tuen.

Endlos
Das Problem beim Nichtstun ist,
dass du nie weißt, wann du fertig bist.

Du musst nur fest an dich glauben
Ich hatte nie geglaubt, dass ich so früh aufstehe
und schon um 7 Uhr zum Joggen gehe.
Jetzt staun´ ich echt:
Ich hatte recht!

Aufgeschoben ist oft aufgehoben
Manche Arbeit muss man zigmal erst verschieben,
eh´ man sie vergisst nach Laune und Belieben.

Glücklich ist, wer vergisst
Es ist viel besser, zu vergessen und zu lächeln,
als sich erinnern und Vergangnem nachzuhecheln.

Versprochen
Morgen werde ich mich ändern, ungefragt!
Das hab ich doch gestern schon einmal gesagt.

Faule Ausrede
Als Entschuldigung sagt uns ein Mauler:
„Wollen ist wie machen, bloß halt fauler."

Aufschiebende Wirkung
Eig´ntlich hatt´ ich heute ganz viel zu besorgen.
Gut, jetzt hab ich halt viel vor für morgen.

Und dann?
„Und was machst du heute noch so, irgendwann?"
„Na ich ziehe meine Jogginghose an."
„Ja, und dann?" – „Wie und dann?!"

Nachts beim Schäfchenzählen
Da bist du fast schon eingeschlafen,
und dann bleibt eins von deinen Schafen,
genau die Nummer Tausenddrei,
am Gatter hängen! – Aus, vorbei!

Du hast die Wahl
Stundenlang aufräumen auf sich nehmen,
oder ´nen kurzen Moment sich nur schämen.

Läuft so
Der einzig Sportliche bei mir zu Haus ist nur
der Kokosläufer auf dem Flur.

Büroschlaf
Wie ich das hasse, wenn der Wecker schellt
und mich aus meinen schönsten Träumen bellt.
Doch kenn ich nix, meine Prinzipien habend:
Der Feierab´nd ist nun mal Feierabend.

Büroalltag
Frühmorgens im Büro heißt die Parole schlicht:
Der Kaffee läuft. Und sportlicher wird´s heute nicht.

Zur Unzeit
Die Zeit mög´ stillstehn, wünscht man oft und wäre froh.
Und dann passiert das einfach morgens im Büro!

Alltag
Einen unmotivierteren Tag so wie heute
hatte ich schon seit gestern nicht mehr, liebe Leute!

Egalitäres Denken
Alles wird besser, wenn du dich entscheidest,
dass dir egal ist, worunter du leidest.

Verpasst! Verpeilt!
Es klemmt doch immer irgendwas an allen Dingen
in deinem grauen Alltagseinerlei:
Da willste endlich auf Erfolgszug springen,
dann fährt der nicht an deiner Couch vorbei!

Erfolgsserie
„Und wie läuft das Lernen so bei dir?" –
„Danke gut, bin jetzt bei Staffel Vier."

Lob der Untätigkeit
Eine Uhr, die steh´n geblieben ist,
zumindest zweimal täglich richtig misst,
während eine, die nicht richtig geht,
niemals anzeigt ganz genau wie spät.

Ansichten eines Kriechtiers
Die Schnecke lacht, wenn Schnelle holpern:
„Wer kriecht, kann wenigstens nicht stolpern."

Willensbekundung
Mein Kommentar, nachdem ich kurz mal eingenickt:
„Der Wille war da. Doch hab ihn wieder weggeschickt."

Je früher, je besser
Je früher man zurückfällt, desto mehr
Zeit bleibt zum Aufholen uns hinterher.

Weltverbesserer
„Und? Was kannst du tun, dass diese Welt
friedlicher und schöner wird, du Held?"
„Ich nehme meine Pillen
und lächle sanft im Stillen."

Erlebniswelten
Ich werd´ die Jogginghose in die Waschmaschine geben.
Sie soll ja auch mal „was Bewegung ist" erleben.

Hoffnung

"Lasst, die ihr eintretet, alle Hoffnung fahren!"
Dante, Göttliche Komödie
Inschrift auf dem Tor zur Hölle

Nimm´s leicht
So nimm das Leben leichter, ohne Graus.
Du kommst da ohnehin nicht lebend raus.

Stimmungsmacher
Dieser Spruch hilft beinah immer:
„Lächeln! Morgen wird noch schlimmer."

Hoffnungsdiät
Die Hoffnungsvollen trösten sich mit diesem Trick:
Wer von der Hoffnung lebt, wird wenigstens nicht dick.

Weltverbesserer
Was sich auch immer irgendwo tut:
Alles wird besser, doch nichts wird gut.

Realsatire
Und jeden Tag haut die Realität
der Hoffnung auf´s Maul von früh bis spät.

Misanthrop
Da sitzen sie innig verliebt, die Zwei.
„Na, glücklich ihr beiden? – Geht auch vorbei!"

Nur Geduld!
Wenn du denkst, es wird zu schwer,
warte ab, da kommt noch mehr.

Melancholie / Liebeskummer
Ein Spruch, wenn alle Hoffnung jäh zerbarst:
„Als keiner anrief, wusste ich, du warst's." [12]

---

[12] Was für ein Spruch! Leider nicht von mir, sondern von der US-amerikanischen Schriftstellerin und Literaturkritikerin Dorothy Parker (1893 – 1967), der „Königin von New York" in den Roaring Twenties.

Menschliches, Allzumenschliches

Unter diesem (von Friedrich Nietzsche geborgten) Titel sind hier in einer kunterbunten Mischung alltägliche Begebenheiten, Erlebnisse, Ansichten, Beobachtungen und Reflexionen versammelt.

Frage-Antwort-Spiel
Wie oft passiert's, wenn du die Antwort hast,
dass dann die Frage nicht mehr passt!

Realsatire
In der Realität ist die Wirklichkeit anders zumeist,
so dass sich die Realität mit der Wirklichkeit beißt.

Echokammern und alternative Fakten
Muss Tatsachen denn kennen man,
bevor man sie verdrehen kann?

Positive Denkpause
Eh' wir zu positivem Denken uns bequemen:
Ist das denn eigentlich nicht Feigheit vor Problemen?

Das Dreck-Theorem
Um was zu säubern, muss auf Erden
erst etwas andres dreckig werden.
Doch kann man alles dreckig machen,
und nichts wird sauber von den Sachen.
Was ist wohl dieser Sätze Zweck?
Die Ur-Natur – das ist der Dreck!

Raubkunst
Dass manche einem den letzten Nerv noch rauben
und dabei noch nicht mal an geistigen Diebstahl glauben?!

Asoziale Netzwerke
Umsonst hab´n Eltern ihre Kinder beschworen:
„Wie schnell geht man im Netz der Spinner verloren.“

Verzweigt
Ein jeder will auf einen grünen Zweig ganz munter.
Doch keiner fragt zuvor:
Was will ich da? Wie komm ich wieder runter?

Goldrausch mit anschließendem Katzengoldjammer
Was beim Vermitteln man nur allzu leicht vergaß:
Die gold´ne Mitte ist oft graues Mittelmaß.

Dumme Sprüche
Ist der Spruch nicht dumm zum Haareraufen:
Lieber dumm gestellt als dumm gelaufen?

Lieber schlecht gefahren …
Ist es nicht besser, mitgenommen auszusehn,
als steh´n gehlassen dann zu Fuß nach Haus zu gehen?

Wohltätigkeit
Auch wenn sich die Gier gern verschanze:
Beim Teilen geht´s immer ums Ganze.

Schlimmer geht's nimmer
Was ist das für ein Leben zum Erschröcken:
als schwarzes Schaf unter den Sündenböcken.

Ein Ausgebooteter
Teamgeist futsch, weil Einsicht mir bestürzt verliehen:
Auch am gleichen Strang kann man den kürzern ziehen.

Bohrender Blick
Wer über den Tellerrand schaut, ist zumeist sehr verbohrt,
weil er viel zu lange im eigenen Saft hat geschmort.

Nur wenige sind berufen
So manch einer träumt von Berufung und Sendung,
doch meist ist Erleuchtung nichts als Verblendung.

Wasserabweisend
Mit allen Wassern Gewasch'ne, das ist uns geläufig,
gerade die sind die größten Dreckskerle häufig.

Wahrscheinlich unwahrscheinlich
Zu der Wahrscheinlichkeit gehört die Qual,
dass Unwahrscheinliches passiert auch mal.

Oder leicht variert:

Nichts Genaues weiß man nicht
Zu der Wahrscheinlichkeit gehört nun mal
das Unwahrscheinliche als stete Qual.

Schattenspiele
Sehr schwer lassen Schwarz und Weiß sich versöhnen:
Schwarz-Weiß-Denkern graut es vor Zwischentönen.

Gottbewahre
Statt sich als Bahnbrecher zu exponieren,
sollten sie lieber Gleise reparieren.

Auf der Strecke bleiben
Wenn's wieder mal heißt: „Der Weg ist das Ziel",
gewinnt „auf der Strecke bleiben" das Spiel.

Naturverbunden
Was ist schon jegliche künstliche Intelligenz
gegen natürliche Dummheit in reiner Präsenz?!

Ökobilanz
Energiewenden sind mir nicht ganz geheuer,
wenn das Licht am Ende des Tunnels zu teuer.

Keine Zeit für's Denken
Wer denkt, bevor er etwas sage,
kommt nicht zu Wort mehr heutzutage.

Doof bleibt doof
Wenn man hinterher der Dumme ist,
war man es auch schon vor dieser Frist.

Erziehungsproblem
Zuerst bring´n wir dem Kind das Geh´n und Sprechen bei,
um dann zu fordern, dass es stillsitzt, ruhig sei.

Verklärung
Wer glaubt, dass man Vergangenes nicht ändern kann,
der schaue sich doch nur mal Memoiren an.

Unvernunft
Vor der Bestechlichkeit sich manche so sehr schämen,
dass sie sogar nicht mal Vernunft annehmen.

Tief in Absurdistan
Ob einem Narren Lob und Dank gebührt,
wenn er Absurdes ad absurdum führt?

Rechthaberei
Soll ich dir etwa recht jetzt geben?
Dann liegen beide wir daneben!

Last Happy Hour
Wenn der letzte Strohhalm, an den wir uns klammern,
in ´nem Cocktail steckt, gibt´s wenig Grund zum Jammern.

Rückhalt
Hinter jedem lustigen Manne da steht
eine ernste Frau, die die Augen verdreht.

Planwirtschaft
Alles lief genau nach Plan, so wie beschlossen.
Nur – der Plan war halt totaler Mist, Genossen.

Verkehrte Welt
Damals wusstest du, wo´s Telefon zu finden ist.
Und nicht umgekehrt, wo du zu finden bist.

Partyschreck
„Soll ich was mitbring´n?" hab´ vor Party ich gefragt.
„Nur gute Laune!" – Hab´ dann abgesagt.

C´est la vie
Wer nicht zufrieden ist, mit dem womit er lebt,
der wird´s auch nicht mit dem, wonach er strebt.

Abgrundtiefer Zweifel
Wenn ich auf einem Berggrat lauf,
dann sag ich euch, Genossen:
„Abgründe tun sich nicht erst auf –
sie haben nie geschlossen."

Von dick und dünn
Kennst du auch so Leute, die sich dünne machen,
wenn das dicke Ende kommt bei vielen Sachen?

Marienverkehrung
Die Marie bei Frau Holle die schüttelt die Mähne:
„Lieber Glück im Unglück, als Pech in der Strähne."

Der neuste Versicherungstrick
Eine Extrapolice für Tagediebe mit Zeit:
Kein Versicherungsschutz bei Einbruch der Dunkelheit.

Charmebolzen
Manche Leute krampfhaft sich um Charme bemühen,
doch nicht alles lässt sich unter Druck versprühen.

Vom Finden
Ein echter Defätist beklagt sich irgendwo:
„Ich finde alles Mist. Wo ist das Fundbüro?"

Paukenwirbel
„Auf die Pauke hau'n will jeder", hört man klagen
einen Pauker, „aber niemand will sie tragen."

Individualismus
Lieber auf dem falschen Dampfer in der Not,
als mit allen anderen in einem Boot.

Einfachheit
Ist nicht letztlich alles einfach schlicht?
Es geht einfach. Oder es geht einfach nicht.

Parken im Halteverbot
Ich lass die Scheibenwischer immer laufen,
da kann die Politesse ganz schön schnaufen!

Laut und leise
Die lautesten Menschen haben zumeist
nicht die leiseste Ahnung, wie´s Leben beweist.

Musische Anatomie
„Musikantenknochen" nennt man das Gerät,
welches Möbel findet, nachts im Dunkeln spät.

Verpasste Gelegenheiten
Worüber sich viele im Leben aufregen:
Versuchungen, denen sie niemals erlegen.

Aufgegabelt
Bei manchen Spinnern lässt sich leicht ermessen:
Sie haben die Suppe der Weisheit mit Gabeln gefressen.

Verneinung
Die alte Frage, hier aus anderer Sicht:
Wer bin ich, und wenn nein, warum nicht?

Im Hier und Jetzt
Wie dumm man *war*, erkennt man meist direkt;
wie dumm man *ist*, bleibt jedoch unentdeckt.

Groß und Klein
Wenn sich Erwachsene empören:
„Sie werd´n von meinem Anwalt hören!",
dann ist das so, wie wenn die Kleinen
„Das sag ich meiner Mama!" greinen.

Der Fluch des Optimismus
Es ist für alle Optimisten hier auf Erden
unmöglich, angenehm mal überrascht zu werden.

Kluges Delegieren
Wer lächelt, wenn was schiefgeht, hat an wen gedacht,
den er dafür verantwortlich dann macht.

Entzugserscheinungen
Missmutig fühlt auf Entzug sich und stöhnt der Entwöhner:
„Nüchtern betrachtet da war es besoffen doch schöner."

Ein Schlüsselerlebnis
Weil Hausarbeit an Nerven zerrt,
da gönn ich mir ein Päuschen.
Dabei hab ich mich ausgesperrt.
Bin völlig aus dem Häuschen!

Trivialpsychologie

Psychologische Erkenntnisse in leicht verdaulicher Form, für den Boulevard aufbereitet; gemeinhin auch „Küchenpsychologie" genannt.

Alt- und Neurosa
Neurotiker sind durch und durch ganz normal;
todunglücklich freilich mit dieser Qual.

Berufsehre
´Nem Kleptomanen was zu schenken,
kann diesen wirklich ziemlich kränken.

Verschenkt
Wer wollte es dem Kleptomanen denn verdenken,
wenn er es ablehnt, dass wir ihm was Schönes schenken?

Erfolgsrezept
Worauf Erfolgreiche meistens bauen:
Unwissenheit und Selbstvertrauen.

Gründliche Problemanalyse
Letztlich wirkt ein jegliches Problem ganz schlicht:
Es geht einfach. Oder es geht einfach nicht.

Lob der Orientierungslosigkeit
Ohne Orientierungssinn
sieht man mehr beim Her und Hin.

Wetterwendisches Verhalten
Verhaltensforscher machen hiervor schlapp:
Hängt die Besonnenheit vom Wetter ab?

Problemtrinker
Alkohol löst kein Problem, wie schade!
Aber Milch ja nun auch nicht gerade.

Volitive Beweggründe
Worin beim Woll´n der Unterschied bestünde?
Wer will, sucht Wege. Wer nicht will, sucht Gründe.

Magenbitter
Entwöhnungskur heißt Ach und Weh
am Ende einer Schnapsidee.

Wetterfühligkeit
Verhaltensforscher konstatieren knapp:
Besonnenheit hängt nicht vom Wetter ab.

Beredtes Schweigen
Wenn dich jemand anschweigt, dann wisse Bescheid:
Nur selten ist Schweigen bloß Sprachlosigkeit.

Gutdünken
Vermeintlich Gutes tut nicht immer gut im Leben,
denn gut gemeint ist ziemlich oft daneben.

Angewandte Mathematik
Wenn man auf nichts mehr zählen kann,
muss man mit allem rechnen dann.

Vom Zögern
Zauderer und Zögerer, bringt euch in Form:
Zögern hilft euch beim Verzweifeln ganz enorm.

Räuberpistole
Ganz überraschend wie ein Knall
bringt dich ein Zufall oft zu Fall.

Problembewusstsein
Wie ist die Lösungssuche doch bequem:
Für jede Lösung gibt es ein Problem.

Gruppentherapie
Der Muscheltherapeut zur Muschelmeute:
„Wer möchte sich zuerst denn öffnen heute?"
Und als kein Echo kommt von nirgendwo:
„Ich höre nichts, so muschelt doch nicht so!"

Vom richtigen Zeitpunkt
Denke dran bei aller deiner Plag und Müh:
Angst vor morgen kommt stets einen Tag zu früh.

Gefühlsmanagement
Wird ein Gefühlsmensch es wohl je kapieren:
Bloß kein Gefühl in Schwierigkeiten investieren.

Gedächtnistraining
Eine Bauernweisheit, so wahr wie schlicht:
Was der Bauer nicht kennt, vergisst er nicht.

Abnabelung
Reife heißt, auch dann das Richtige zu tun,
wenn´s die Eltern hab´n empfohlen ohne Ruh´n.

Die folgenden 3 Verse befassen sich mit einer speziellen Dyade (wie man besonders intensive Zweierbeziehungen nennt, oft mit tragischen aber auch komischen wechselseitigen Verkettungen verbunden) und haben mit den Herren Marquis de Sade und Ritter von Sacher-Masoch zu tun. Empfind- und tugendsamen Lesern wird geraten, die drei Verse zu überspringen und gleich auf die nächste Seite zu eilen.

Sadomaso-Spiel
Für wen von beiden wird die Lust wohl mehr gesteigert,
wenn ein Sadist dem Masochist die Qual verweigert?

Diese psychodynamisch recht verwickelte Gemengelage bedarf noch einer boulevardwissenschaftlichen Illustration:

SM pur
Der Masochist: So quäl mich doch!
Sadist: Ach nö, ich warte noch.

Eine Komplikation beim Rollenspiel:

Aus der Rolle gefallen
Ein Masochist, wenn er zurück mal haut,
ist der nicht durch und durch pervers versaut?

So, nun geht es wieder gesittet zu:

Warum?
Grundsatzdiskussionen laufen meistens dumm:
Sage mir, weshalb, so sag ich dir, warum.

Du schaffst das!
Denk dran, wenn das Glück an dir vorüber zieht:
Ist nicht jeder seines Glückes Störenfried?

Was heißt schon frei?
Auch wenn du dich frei fühlst,
so lass dich vom Schein nicht betrügen:
Selbst gegen den Strom schwimmend,
muss man dem Flusslauf sich fügen."

Ein Dilemma
Wenn du schweigst, dann denken alle, du bist dumm.
Wenn du redest, wissen alle auch warum.

Langzeiler

Zu groß geraten, klein gedruckt

Hier sind diejenigen Sprüche versammelt, deren Zeilen zu lang sind, um in das übliche Format zu passen. Deshalb sind sie etwas kleiner gedruckt. Trotzdem kommt es manchmal noch zu unschönen Überhängen, wofür ich um Nachsicht bitte.

Trauriger Facebook-Alltag
„Gestern bei offenem Fenster geschlafen" ein Post will beglücken.
Das gefällt nur Eintausend und dreihundert Mücken.

Verlotterte Sitten
Wann hat denn dieses verlotterte Leben bloß angefangen?
Gestern schon wieder erst heute ins Bettchen gegangen.

Alternative Nobelpreise [13]
In der Physik, Chemie musst Großes du vollbringen,
willst du als Forscher den Nobelpreis mal erringen.
Bei Wirtschaftsforschung reicht ein kleiner Stups, der „Nudge",
und schwupps geht Preis an diesen Pillepalle-Quatsch.

---

[13] Anspielung auf die Nobelpreisvergabe 2017 an den amerikanischen Wirtschaftsforscher Richard Thaler, u.a. mit der Begründung: Er habe in seiner Forschung gezeigt, dass Menschen häufig nicht vollständig rational handeln, sondern eher einfachen Entscheidungsregeln folgen und dass sie ab und zu einen kleinen Anstoß oder Schubs (Nudge) benötigen, um vernünftiger zu handeln (nein sowas, wer hätte das gedacht!). – Alfred Nobel wusste wohl schon recht gut, warum er für dieses Fachgebiet keinen Preis stiftete (der Schwede hatte in seinem Testament nur Preise für Medizin, Physik, Chemie, Literatur und Frieden genannt).

Vom Sündenfall
„Wer schläft, der sündigt nicht", ist blanker Unsinn schlicht.
Stattdessen gilt: „Wer sündigt, schläft gemeinhin nicht."

Namen sind Schall und Rauch
Wer vom Arbeitsamt ernsthaft und fest einen Job sich erträumt,
der glaubt auch, dass das Ordnungsamt ihm mal die Küche
aufräumt.

Verduftet
Bringt auch nichts, wenn sich dein Parfum zwar „Boss" benennt,
du aber nur wie Hugo aussiehst ganz verpennt.

Ohne viel Aufhebens
Wenn wir früher ADS mal hatten irgendwann,
war'n wir nach 'ner Schelle wieder ganz gesund gleich dann.

Is ja irre!
Es gibt Tage, da hofft man, man liegt in der Psychiatrie
und denkt sich den ganzen Schlamassel bloß aus irgendwie.

Ein Drogenproblem
Ganz Viele sagen „Nein" zu Drogen sehr konkret.
Doch ist's, wenn man mit Drogen spricht, nicht eh' zu spät?

Falsches Spiel
Wie ich *das* immer hasse, und es macht mich echt schwach:
Habe die Hand voller Asse, doch das Leben spielt Schach!

Mutterwitz
„Du darfst zwar alles essen, doch nicht alles wissen." –
Na danke, Mutter! Bin jetzt dick und dumm, beschissen!

Männerstolz
Egal, was heute noch passiert, kein Grund zum Schämen:
Hab´ mich geduscht, rasiert – das kann mir keiner nehmen!

Bahnbrechende Erkenntnis
Vorsicht bei Leuten, die sich als Bahnbrecher eifrig gerieren:
ob sie denn später auch wieder das Gleis reparieren?

Genieße den Augenblick
Wenn du mal fix und fertig in den Seilen hängst,
dann schaukel´ doch erst mal, eh du dich raus gleich zwängst.

Veggie-Weh
Ihr Veganer, allein schon die Sprache doch alles umreißt,
wenn´s „Dahinvegetieren" und niemals „Dahinschnitzeln" heißt.

Morgenstimmung
Morgens vorm Spiegel solch Fragen die Stimmung vergällen:
Restauration oder nur unter Denkmalschutz stellen?

Das Leben – ein Entscheidungsmarathon
Hast du <u>mal</u> über<u>legt</u>, wie<u>vie</u>le Ent<u>schei</u>dungen <u>in</u> deinem
Leben
dich bis <u>hier</u>her ge<u>führt</u> haben <u>an</u> diesen <u>Ort</u> und ge<u>ra</u>de jetzt
<u>e</u>ben?

Altersangleichungsgesetz

Halb zornig, belustigt und täglich auf's Neue erstaunt es mich sehr:

Je älter man wird, desto ähnlicher wird man sich selbst immer mehr.

Paradoxe Aufmunterung

Wenn was nicht klappt, dann musst du doch nicht gleich verzagen:

Versuchen ist der erste Schritt hin zum Versagen.

Lebensberatung

Unschätzbare Ratschläge für beinah jede Lebenslage.
Nach der Lektüre brauchen Sie keine Ratgeberliteratur mehr.

Spannung aufbauen
Guter Rat für´s Texteverfassen:
Schwach beginnen, extrem nachlassen.

Aus dem Vollen schöpfen
Warum eine Dummheit denn zweimal begehen? Sei klug!
Die Auswahl ist schließlich nun wirklich doch groß genug.

Das lässt weit blicken
Frischauf, Genossen, wir wollen den Weitblick trainieren,
damit wir das Nächstliegende aus den Augen verlieren.

Sprühender Ehrgeiz
Wer den Teufel an die Wand schon sprüht,
noch bevor die Wand steht, sprüht verfrüht.

Romanisch
Bist du mit dein´m Latein am Ende,
dann lern doch Spanisch ganz behende.

Gedankenstopp
Wenn du trüben Gedanken nachhängst:
Glaub nicht alles, was du dir denkst!

Denkmalspruch
Was ein jeder wissen muss, der lenkt:
Es kommt immer anders, wenn man denkt.

Wo liegt die Mitte
Wenn jemand sich in Midlife-Crisis meint,
ob dies oft nicht zu optimistisch scheint?

Mitten im Jammertal
Ihr Midlife-Crisler, eine große Bitte:
Wer kann schon wissen, wo sie liegt, die Mitte?

Zu Wasser und zu Sande
Sehr viele Leute zu spät erst entdecken,
wenn's ihnen an Kopf und Kragen geht:
Was nützt es, den Kopf in den Sand zu stecken,
wenn's Wasser schon bis zum Halse steht?

Beredtes Schweigen
Frag dich stets, willst du dein Schweigen brechen:
Wann ist Schweigen redlicher als Sprechen?

Lobgesang
Lobe nur in Not, dann bist du notfalls lob-bereit.
Doch sparst du mit dem Lob, dann hast du Ärger mit der Zeit.

Von Schlupflöchern
Torschluss allein ist noch kein Grund zur Panik,
eher das Löchlein im Rumpf der Titanic.

Perpetuum mobile
Wie nur handeln, bleibt die Uhr mal stehen?
Weitergehen, einfach weitergehen.

Rollenspiel
Wer nicht aus der Rolle fallen will,
sollte keine spielen und sei still.

Genieße die Zeit
– Eine Abendvesper –
Schlage nie Zeit tot, genieße die Brotzeit:
Spare bei Zeitnot, dann hast du bei Not Zeit.
Was will uns das sagen?
Mich sollt ihr nicht fragen.

Über Fehlurteile
Erst gründlich prüfen, ehe man ein Urteil zückt:
Wer die Musik nicht hört, hält Tänzer für verrückt.

Authentisch
Verstellen ist Mist, fühl dich so wie zu Haus:
Sei so, wie du bist. Es kommt sowieso raus.

Falsches Event
Es ist nicht Brauch, verletzt die Pietät,
wenn bei Bestattung man am Grabe steht
und wirft die Blumen hinter seinen Rücken,
um den vermeintlich Nächsten zu beglücken.

Ultimativer Weihnachtskick
Es wird nicht rundum helle Freude bringen,
„Last Christmas" im Seniorenheim zu singen.

Paarberatung
Für Mensch und Schuh gilt gleichermaßen:
Tun sie dir weh, tun sie nicht passen.

Türöffner
Es gibt 2 Wörter, die im Leben zum Entzücken
dir viele Türen öffnen werden: „Ziehen, Drücken".

Anstecker
Wer erkältet ist in grauen Wintertagen,
sollte niemals eine Anstecknadel tragen.

Windspiel
Eine Flaute bringt nur halb so schlimmes Leid,
wenn man Wind von ihr bekommt zur rechten Zeit.

Irren ist menschlich
Traue niemals Informanten,
die nie etwas Falsches nannten.

Ansporn zum Zorn
Dieser Spruch hilft sehr beim Eskalieren:
Kopf hoch, nur nicht gleich die Wut verlieren!

Sorgenfrei
Halt dir täglich Zeit für deine Sorgen frei
und mach in dieser Zeit ein Nickerchen dabei.

Zweifellos
Ein guter Rat an alle, die an Zweifeln leiden:
Im Zweifel immer für das Richtige entscheiden!

Danksagung

Mein Dank gilt den Veranstaltern und dem freundlich-aufgeschlossenen Publikum verschiedener Berliner Lesebühnen und Poetry-Slams, bei denen ich mit einigen der Sprüche auftreten durfte (wie Lesetresen, LSD im Schokoladen, Surfpoeten, Rixdorfer Poetry Slam, Kreuzberg-, Saal- und Tempelslam, Eagel Slam, Rosi´Slam, Kalle-, Bastard-, Guerilla-, Tube- und Inselslam, Slam des Westens).
Hier erhielt ich wichtige und interessante Anregungen, und das insgesamt sehr positive Echo spornte mich an, weiter zu machen mit dem Sprücheverfassen.

Danken möchte ich auch den zahlreichen Autoren auf verschiedenen Sprüche- und Aphorismen-Seiten des Internet, bei denen ich (ungefragt) Material und Anregungen für diesen Band gesammelt habe.

Berlin, im November 2018   Albrecht Moeller

Website des Autors:
   www.albrechtmoeller.jimdo.com

Band 1 der Gereimten Ungereimtheiten
Albrecht Moeller:

Sinn und Unsinn
– Gereimte Ungereimtheiten –

Taschenbuch, 124 Seiten
Verlag: Twentysix (in Koop mit BoD), Januar 2016

Printausgabe: 7,99 €, ISBN: 978-3-7407-0916-7
E-Book: 5,49 €, ISBN: 978-3-7407-1763-6

Versandkostenfrei zu beziehen über:
www.twentysix.de/shop/
oder im Online- und stationären Buchhandel

Verse und Sprüche in klassischer Reimform über allerlei Unge-
reimtheiten und Merkwürdiges.
Ein Streifzug durch verschiedene Lebensbereiche, von Hand-
werk, Handel, Kochen über Gesundheit, Musik, Leidenschaft
bis Zwielicht, Flora und Fauna.
„Sinn und Unsinn" in klassischen Zwei- und Mehrzeilern.

Website des Autors: www.albrechtmoeller.jimdo.com

Facebook: https://www.facebook.com/albrechtmoeller
    oder   @albrechtmoeller
Twitter: https://twitter.com/moelleralbrecht
    oder   @moelleralbrecht

Band 2 der Gereimten Ungereimtheiten
Albrecht Moeller:
Wieder Sinn und Unsinn
– Gereimte Ungereimtheiten –

Taschenbuch, 108 Seiten
Verlag: BoD (Books on Demand), August 2017

Printausgabe: 7,99 €, ISBN: 978-3-7448-9838-6
E-Book: 5,49 €, ISBN: 978-3-7448-4750-6

Versandkostenfrei zu beziehen über:
www.bod.de/buchshop/
oder im Online- und stationären Buchhandel

Dieses Büchlein ist quasi die Fortsetzung zu dem 2016 erschienenen Band "Sinn und Unsinn" und wie dieser ein humoristischer Streifzug durch verschiedene Lebensbereiche. Erfreuen Sie sich an sprachlichen Winkelzügen und Pirouetten, - vom vordergründigen Kalauer bis zum hintergründigen Aphorismus und Aperçu, mit anderen Worten "Wieder Sinn und Unsinn" in einer bunten Mischung aus klassischen Zwei- und Mehrzeilern.

Website des Autors: www.albrechtmoeller.jimdo.com

Facebook: https://www.facebook.com/albrechtmoeller
    oder   @albrechtmoeller
Twitter: https://twitter.com/moelleralbrecht
    oder   @moelleralbrecht